CHRISTIAN KUSTER MÄNNERADVENT
EIN SPIRITUELLER BEGLEITER

camino.

gemeinsam auf dem Weg

CHRISTIAN KUSTER

MÄNNERADVENT
EIN SPIRITUELLER
BEGLEITER

camino.

EINLADUNG

»Das Volk, das in der Finsternis ging, sah ein helles Licht; über denen, die im Land des Todesschattens wohnten, strahlte ein Licht auf.« (Jes 9,1)

Liebe Männer,

der Advent hat begonnen und mit ihm alle verlockenden Versprechen, schönen Erwartungen und leider manchmal auch Enttäuschungen, wie sie das Leben mit sich bringt. Dieser Adventskalender begleitet Sie durch die Vorbereitungstage auf das große Weihnachtsfest. Er gibt Ihnen Anregungen zum Nachdenken und auch zum Handeln, er lädt Sie zur Besinnung und vielleicht sogar zu einem Kurswechsel ein.

Nehmen Sie sich täglich zehn Minuten Auszeit. Unterbrechen Sie den betriebsamen Alltag der Vorweihnachtszeit und atmen Sie durch. Schenken Sie sich bewusst zweckfreie Zeit nur für sich. In der Kraft der Stille empfangen Sie neue Impulse. In der Vorweihnachtszeit erwartet uns das Licht, das sich in Jesus, dem Licht der Welt, offenbart. Darauf steuern wir zu. Die Freude ist es, die letztlich unser Leben bestimmen wird. Machen Sie heute den ersten Schritt!

Christian Kuster im Advent 2018

1.12. WENN WIR SELBST ZUM GEBET WERDEN ...

»Wacht und betet allezeit ...« (Lk 21,36)

Mein Freund leitet seit vielen Jahren eine Pfarrei in einer Kärntner Kleinstadt. Sein Arbeitspensum ist enorm: Er versorgt mehrere Pfarreien, er kümmert sich um Gestrandete und um Flüchtlinge, die in seinem Pfarrhaus wohnen. Er besucht die Alten und Kranken, er bildet Kantoren für den Gottesdienst aus, er leitet ein großes Team von Mitarbeitern... Woher nimmt er diese unermüdliche Leistungsbereitschaft? Ich weiß, dass er täglich sehr früh morgens betet. Das ist seine Kraftquelle.

Wenn es bei Lukas heißt, dass wir allezeit offen für das Gebet sein sollen, dann bedeutet dies, dass wir uns gerade jetzt mit allen Sinnen auf das Geheimnis ausrichten dürfen, dass unser verwundbares, männliches Leben übersteigt. Wir können diesem verborgenen Gott nur dann nahekommen, wenn wir so tun, als ob er tatsächlich existiert. Im Gebet vergewissern wir uns seiner Gegenwart, im Gebet leben wir seine Nähe, die diesen heutigen Tag durchdringt.

IMPULS

↻ STELLEN SIE HEUTE DAS GEBET ÜBER DIE SORGEN DIESES TAGES. BETEN SIE HEUTE: »HERR, MIT MEINER GANZEN STÄRKE UND GEBRECHLICHKEIT MÖCHTE ICH MICH HEUTE AUF DICH HIN AUSRICHTEN.«

↻ NEHMEN SIE EINEN KLEINEN ZETTEL, SCHREIBEN SIE ALLES DARAUF, WAS SIE HINDERT IM HIER UND JETZT ZU SEIN, ZERREISSEN SIE DEN ZETTEL UND WIEDERHOLEN SIE DEN OBIGEN SATZ.

2.12. DIE FREUDE KOMMT ZULETZT

»Der Geduldige hält aus bis zur rechten Zeit, doch zuletzt wird ihn Freude beschenken.« (Sir 1,23)

Wie müsste ein fröhliches, männliches Leben aussehen, ein Leben frei von Sorge, frei von Mühsal aller Art? Ich denke, wir Männer hätten wieder mehr Charme und Sex-Appeal, wir hätten mehr Witz und würden bei den Frauen bestimmt gut punkten. Viele Männer lassen sich von der Last der Arbeit, vom Stress der ständigen Gewinnmaximierung, vom Spagat zwischen Familie, Beruf und Freizeit niederdrücken. Damit belasten Sie sich selbst und ihr ganzes Umfeld.

Beim Gedanken an die wachsende Freude in mir erkenne ich, dass vieles, was mich jetzt bekümmert, keinen dauerhaften Bestand hat. Das Leben ist zu kostbar und zu schade, um in Hetze und Sorge vergeudet zu werden. Die meisten meiner sogenannten »Probleme« sind zum Glück »nur« lösbare Situationen. Sie sind sozusagen zweit- und drittrangig. Mit dieser Überlegung wächst die Freude in mir. Sie ist wie der Grund auf dem ich stehe, sie ist viel mehr als ein Gefühl, sie ist wie der Mantel, der mich schützt und mir selbst in kalten und dunklen Tagen Wärme schenkt.

IMPULS

↻ NEHMEN SIE SICH HEUTE ZEIT FÜR EIN PAAR MINUTEN STILLE UND WIDERSTEHEN SIE ALLEM STRESSIGEN. WIE FÜHLEN SIE SICH JETZT? GENIESSEN SIE DIE ZEIT MIT SICH.

↻ FREUDE HAT FÜR UNS CHRISTEN EINEN NAMEN: JESUS CHRISTUS. GEBEN SIE IHM DIE CHANCE, BEI IHNEN ANZUKOMMEN ...

3.12.
RESPEKT VOR
DEM ANDEREN

»In Demut schätze einer
den anderen höher ein als sich selbst.«
(Phil 2,3)

In verfahrenen Situationen sind viele Männer versucht, sich über andere zu stellen. Sie geben ihrer Wut und Enttäuschung Raum. Sie können sich dabei richtig in Rage schimpfen. Sie suchen nach den Fehlern anderer und werten dabei vermeintlich ihren eigenen Selbstwert auf. Aber das ist ein Trugschluss, der in die Sackgasse führt, in die Isolation und Überheblichkeit. Was uns den Menschen wirklich näher bringt, ist aufrichtiger Respekt und Freundlichkeit. In der Versöhnungsbereitschaft zeigt der Mensch wahre Größe.

Mich persönlich macht diese Überlegung demütig. Sie verhindert es, dass ich mich urteilend über andere stelle. Paulus hat es in seinem Brief an die Philipper so formuliert: »In Demut schätze einer den andern höher ein als sich selbst.« (Phil 2,3). Es ist klug, andere Menschen hoch einzuschätzen, denn man weiß nie, was noch kommt.
Und man hofft zu Recht, selbst einmal gut bewertet zu werden. Niemand weiß, was den anderen bewegt und beschäftigt und wahrscheinlich haben die meisten Menschen mindestens einen guten Grund für ihr Verhalten. Wir müssen nicht alle – viel zu oft verdeckten – Gründe erkunden, aber es mag doch hilfreich und tröstlich sein, dass es sie gibt.

IM
PULS

↻ LASSEN SIE SICH HEUTE NICHT VOM AUGENSCHEIN TÄUSCHEN UND GEBEN SIE JEDEM MENSCHEN EINE CHANCE, BEI IHNEN ANKOMMEN ZU DÜRFEN.

↻ WENN IHNEN HEUTE EINE NERVENSÄGE BEGEGNET, SUCHEN SIE NACH WENIGSTENS EINEM GUTEN GRUND FÜR SEIN BZW. IHR VERHALTEN. SIE WERDEN SEHEN, DASS ES IHNEN DANN AUCH BESSER GEHT.

4.12. DIE UNERSCHÜTTERLICHE BARBARA

»Daher, meine geliebten Brüder und Schwestern, seid standhaft und unerschütterlich ...« (1 Kor 15,58)

Barbara von Nikomedien bei Istanbul wurde angeblich von ihrem Vater enthauptet, weil sie sich zum christlichen Glauben bekehrt hat. Sie erinnert mich an eine junge Afghanin, mit der ich mich kürzlich unterhalten habe. Durch diese Frau wird Barbara zu einer sehr zeitgemäßen Glaubenszeugin: Die Afghanin flüchtete als einzige ihrer Familie nach Deutschland und konvertierte hier vom muslimischen Glauben zum Christentum. Ihre Taufpatin, eine ebenfalls konvertierte Mutter von zwei Kindern, wurde kurz darauf von einem fanatischen Muslim umgebracht, weil sie angeblich dem »wahren Glauben« abgeschworen hat.

Ich habe Respekt vor dieser jungen Frau. Sie hat mir erzählt, dass sie in Afghanistan heimlich die Bibel lesen musste und darin etwas entdeckt hat, das sie woanders nicht finden konnte. Sie konnte es nicht in Worte fassen und bezeichnete es als »Gefühl«, wobei ich mir sicher bin, dass sie dem Ruf ihres Herzens gefolgt ist. Ich habe sie gefragt, ob sie denn Angst hätte, dass ihr Ähnliches wie ihrer verstorbenen Taufpatin widerfahren könnte und sie erwiderte: »Meine Familie ist weit weg, meine Taufpatin ist tot, ihr Mörder sitzt im Gefängnis und ich gehe trotzdem meinen Weg!«

IMPULS

↻ AM FEST DER HEILIGEN BARBARA IST ES ÜBLICH, OBSTZWEIGE IN WARMES WASSER ZU STELLEN. WENN SIE BIS WEIHNACHTEN BLÜHEN, DEUTEN SIE DARAUF HIN, DASS DEM SCHEINBAR LEBLOSEN UND TOTEN NEUES, BLÜHENDES LEBEN ERWÄCHST. MAN KÖNNTE SAGEN: DIE LIEBE IST STÄRKER ALS DER TOD.

↻ BELEBEN SIE DIESEN BRAUCH UND WENN DIE ZWEIGE BLÜHEN, WERTEN SIE DIES ALS GUTES ZEICHEN FÜR DAS FLORIERENDE LEBEN IN IHNEN UND IHREM LEBENSUMFELD.

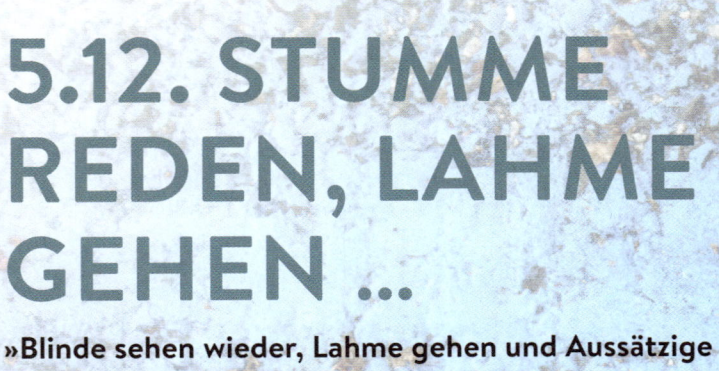

5.12. STUMME REDEN, LAHME GEHEN ...

»Blinde sehen wieder, Lahme gehen und Aussätzige werden rein ...« (Lk 7,22)

Robert, ein junger Mann, ist spastisch gelähmt. Von Geburt an konnte er bisher keinen einzigen Schritt selbstständig gehen. Nachts kann er nicht allein aufs WC, er ist komplett auf die Hilfe seiner Mitmenschen angewiesen. Was denkt er sich, wenn er hört, dass Jesus Lahme heilt und Blinde sehend macht? Ist dieses Bild von den vielen Heilungen nicht eine ungeheure Provokation für die Menschen mit Behinderung?

Es heißt, dass Jesus Mitleid mit den Menschen hat, er berührt sie, er scheut ihre Nähe nicht, er heilt sie, er gibt ihnen zu essen, er nährt sie auch mit kraftvollen, guten Worten und bestätigt dies in seinen Taten.

Es gibt tatsächlich Menschen, die körperliche Heilung erfahren, das sind seltene Ausnahmen. Die meisten erfahren Heil durch Zuwendung, durch Anteilnahme, durch respektvollen Umgang, durch Nähe und Akzeptanz. Über Jesus gibt es kein einziges schlechtes Wort in der Bibel. Jesus ist der Heiland, er bringt Heil ins Land, er bringt tatsächlich Rettung.

IM
PULS

↻ WENN ES IHNEN HEUTE MÖGLICH IST,
SUCHEN SIE KONTAKT ZU EINEM
KRANKEN ODER EINEM MENSCHEN
MIT BEHINDERUNG. SCHENKEN SIE IHM
EINE HALBE STUNDE IHRER KOSTBAREN ZEIT
UND HÖREN SIE IHM EINFACH NUR ZU.

6.12. BISCHOF NIKOLAUS

»Jeder, der diese meine Worte hört und danach handelt, ist wie ein kluger Mann, der sein Haus auf Fels baute.« (Mt 7,24)

Historisch gibt der Konzilsteilnehmer Bischof Nikolaus nicht viel her, aber seine gelebte Güte überstrahlt die Wolke des Nichtwissens. Der beliebteste Heilige der Ostkirche zeigt uns Männern von heute, wie wir leben könnten: leidenschaftlich, väterlich, gütig und fürsorglich. Nikolaus lebt nicht nur sich, er lebt für die bedürftigen Menschen, er lebt für seine Überzeugung als Christ. Er soll Arianus, der die Dreifaltigkeit ablehnte, wegen seines Irrglaubens im Eifer des Disputs beim Konzil von Nicäa geohrfeigt haben. Er war also auch ein sehr streitbarer und offensichtlich fehlbarer Mann.

Trotzdem überdauert vor allem sein Vermächtnis der Großzügigkeit die Zeiten. Nikolaus hat sein Haus tatsächlich auf den Fels des Glaubens gebaut, die Stürme der Zeit können es nicht wegfegen, es hat Bestand und gibt uns heute noch Halt. Er setzt einen Teil seines Vermögens mit Bedacht und väterlich anmutender Güte ein: Er wirft der Überlieferung nach drei Goldklumpen in das Haus eines verarmten Mannes, der seine Töchter der Prostitution übergeben muss. Er rettet die jungen Mädchen vor diesem schrecklichen Schicksal … Nikolaus tritt zurück und fördert stillschweigend die junge Generation.

IMPULS

STELLEN SIE SICH HEUTE DEN FRAGEN:

1. WORAUF HABE ICH MEIN LEBENSHAUS GEBAUT?

2. WOFÜR SETZE ICH MICH LEIDENSCHAFTLICH EIN?

3. WIE VIEL GROSSZÜGIGKEIT WIRD MIR DIE NACHWELT ZUSCHREIBEN?

7.12. WER GLAUBT, DER BLEIBT

»Wie ihr geglaubt habt, so soll euch geschehen.« (Mt 9,29)

Meiner Meinung nach braucht unsere Welt und Kirche keine großen Strukturreformen. Es braucht ganz einfach mehr Männer, die glauben: Väter, Ehemänner, Lehrer, Politiker, Beamte, Ärzte, Künstler, IT-Fachleute, Journalisten, Handwerker, Philosophen, Landwirte ... Es braucht geerdete, gestandene Männer, die spirituell erfahren sind.

Was dieser Glaube bewirkt, sagt uns die heutige Schriftstelle: Blinde werden sehend. Sie verlassen die Welt der Finsternis und treten an das Licht, sie finden sich in der eigentlichen Wirklichkeit wieder. Der Prophet Jesaja drückt es so aus: »Das Volk, das in der Finsternis ging, sah ein helles Licht ...« (Jes 9,1). Die Sehenden verabschieden sich von jeder Form des billigen Schwarz-Weiß-Denkens und stellen dieses Leben vertrauensvoll unter einen großen, weiten Horizont.

Glaube ist kein frommes Beiwerk im Leben eines Mannes. Echter Glaube ist eine unzerstörbare Kraft von innen heraus. Er verlangt nach Ausdruck, er möchte Gestalt annehmen, er verändert in kleinen Schritten diese Welt. Und er erspart uns tägliche Demütigungen und Niederlagen nicht. Aber das soll uns nicht daran hindern, weiterhin an unserem Herrn mit ganzem Herzen festzuhalten.

IMPULS

↻ WENN SIE HEUTE DIE GELEGENHEIT HABEN,
EINEN WEIHNACHTSMARKT ZU BESUCHEN,
DANN ACHTEN SIE ZUNÄCHST AUF SPÜRBARE
ZEICHEN VON GOTTES GEGENWART: IN DER
KRIPPE AM RANDE DES GESCHEHENS,
IM ECHTEN BISCHOF NIKOLAUS, IM KLANG
DER KIRCHENGLOCKEN, IM FRÖHLICHEN
LACHEN DER KINDER ...

8.12. MUTTER MARIA – BEGABUNG VERPFLICHTET

»Sei gegrüßt, du Begnadete, der Herr ist mit dir.« (Lk 1,28)

Unser alter, bereits verstorbener Schulträger hat des Öfteren zu guten Schülern gesagt: »Begabung verpflichtet.« Damit meinte er, dass man ein Talent nicht einfach so in die Hosentasche mitbekommt, sondern auch für die anderen, für eine bessere Welt leben muss.

Maria ist die voll Begnadete, die voll Begabte, ihr haftet kein Makel an, so lehrt die Kirche. Dieser unverdiente Vorzug gilt ihr nicht alleine, sie soll Mutter unseres Herrn werden. Der Schlüssel zu diesem Ereignis liegt in ihrem berühmten Satz: »Mir geschehe, wie du es gesagt hast« (Lk 1,38). Maria gibt ihren Eigenwillen ab und legt ihr Leben buchstäblich in die Hände Gottes, der nun mit ihr macht, was er will. Sie geht diesen Weg als Mutter konsequent bis unter das Kreuz ihres Sohnes. Sie hat sehr gelitten, aber sie ist daran nicht zerbrochen.

Maria wird auch uns zur Mutter und als einst einfaches, junges Mädchen aus Nazaret zum Vorbild. Durch Maria kommt viel Freude in die Welt. Auch wir Männer profitieren von ihrer natürlichen Weiblichkeit. Erst unsere angenommene Anima macht uns zu ganzen Kerlen.

IM
PULS

↻ DENKEN SIE HEUTE GANZ BESONDERS AN MARIA, DIE MUTTER UNSERES HERRN. SPRECHEN SIE MIT IHR, LERNEN SIE VON IHR, WIE VON EINER GUTEN MUTTER.

9.12. WEGBEREITER FÜR DEN HERRN

**»Stimme eines Rufers in der Wüste: Bereitet den Weg des Herrn!«
(Lk 3,4)**

Es gab Zeiten, da kannte ich mich in meinem eigenen Büro nicht mehr aus. Meine Schubladen und Regale waren übervoll. Das belastete mich sehr. Dann begann ich all das wegzuwerfen, was ich länger als ein Jahr lang nicht mehr benötigte. Und siehe da: Die Ordnung stellte sich wieder ein und mir wurde gleich leichter ums Herz.

So ähnlich ist es auch in unserem Leben. Wir Männer sind oft genug zugeschüttet mit unserem Alltagsmüll, mit den hohen Erwartungen, die uns jagen, mit den überzogenen Vorgaben unserer Vorgesetzten. Wir verlieren manchmal den Kontakt zu den Mitmenschen, wir haben kein Ohr für ein spontanes Gespräch, wir »ersticken förmlich in Arbeit« oder anderen scheinbar wichtigen Tätigkeiten. Dann kann es passieren, dass auch die Quelle zu unserem Inneren zugeschüttet ist.

Wie können wir jetzt den Weg wieder freischaufeln? Wenn wir uns bewusst Zeit nehmen, wenn wir ganz im Augenblick sind, ereignet sich Begegnung in reinster Form. Wir können dies jederzeit und überall anwenden und die freudige Überraschung wird bestimmt groß sein. Einzige Voraussetzung für das Gelingen dieser Übung ist der Mut zur Stille, zum Hören, zum Weglassen, zur Reduktion auf das Alltagstaugliche.

IM PULS

⟳ NEHMEN SIE SICH HEUTE BEWUSST AUSZEITEN, IN DENEN SIE NICHT VON IHREN ALLTAGSVORGABEN DOMINIERT WERDEN, SONDERN EINFACH NUR ABSICHTSLOS DA SIND.

⟳ SETZEN SIE SICH TÄGLICH MEHRMALS DREI MINUTEN OHNE SMARTPHONE ODER ANDERE ABLENKUNGEN EINFACH NUR HIN UND WARTEN SIE RUHIG AB, WAS PASSIERT.

10.12. WENN MÄNNER AUFBRECHEN

»Steh auf, nimm dein Bett und geh in dein Haus!« (Lk 5,24)

Es gibt Zeiten, da wird mir einfach alles zu viel. Die Realität des banalen Alltags wird mir zur Last und zur unmöglichen Herausforderung. Zugegeben braucht es manchmal – besonders nach betriebsamen und kreativen Phasen – wieder Zeiten der Entspannung und des Müßiggangs. Wenn wir es jedoch versäumen, unsere Lethargie hinter uns zu lassen und der Wirklichkeit wieder kraftvoll und tatfreudig entgegenzugehen, wenn wir unsere täglichen Aufgaben nicht mehr lustvoll anpacken, dann haben wir ein Problem.

Spätestens jetzt brauchen wir Freunde, die uns aus unserer Lähmung herausholen, die uns fragen, ob wir etwas mit ihnen unternehmen wollen, die für eine willkommene Ablenkung sorgen und uns davon erzählen, dass es ihnen manchmal ähnlich ergeht. Wir Männer müssen den Augenblick nicht fliehen: weder im Alkohol, noch in diversen Bars oder anderen Zerstreuungen. Woanders wächst das Gras auch nicht anders und deshalb macht es durchaus Sinn, sich wieder zuhause blicken zu lassen: als neuer, regenerierter Mann, der mitten im Leben steht und lernt, sein Leben aus der eigenen Mitte heraus aktiv und fruchtbringend zu gestalten.

IM
PULS

↺ ÜBERLEGEN SIE SICH, WORIN DIE »BETTEN« BESTEHEN, DIE SIE LÄHMEN, IN DIE SIE SICH VERKRIECHEN, DIE SIE AM LEBEN HINDERN.

↺ SUCHEN SIE GUTE FREUNDE AUF ODER HELFEN SIE ANDEREN, DIE SIE JETZT VIELLEICHT BRAUCHEN.

11.12. WIR RICHTEN UNS NACH DEM KLEINSTEN

»Er freut sich über dieses eine mehr als über die neunundneunzig, die sich nicht verirrt haben.« (Mt 18,13)

So sehr der Mann sich auch anstrengt im Beruf, so sehr er sich bemüht und um Anerkennung und Wertschätzung buhlt, so ersetzbar und manipulierbar ist er auch. Und instinktiv weiß das wohl jeder. Viele kommen aus dieser Nummer nur sehr schwer raus. Dieser Gedanke schürt den Konkurrenzdruck unter Männern. Keiner möchte eine austauschbare Nummer sein und dennoch pokern so manche Arbeitgeber damit, wenn es darum geht, ohne Rücksicht auf Verluste möglichst viel aus ihnen rauszupressen.

Im Gleichnis vom verlorenen Schaf ist dem nicht so. Da spielt das Verlorene eine große Rolle. Das geht so weit, dass der Hirte die neunundneunzig anderen Schafe zurücklässt, um das verirrte zu suchen. Es gibt Männer, die sich in falsche Illusionen, in fremde Herzen, in dunkle Machenschaften verirren.

Es ist tröstlich, dass in diesem Gleichnis die Verwirrten so lange gesucht werden, bis sie wiedergefunden sind. Wäre der Evangelist Matthäus ein Sportler mit Sinn für die Gemeinschaft, würde er sagen: Wir lassen alle mitkommen und richten uns nach dem Kleinsten und Langsamsten.

IMPULS

↺ STELLEN SIE SICH HEUTE DER ÜBERLEGUNG, DASS NICHT SIE ES SIND, DER SUCHT UND FINDET, SONDERN, DASS SIE LÄNGST SCHON VON GOTT GEFUNDEN SIND, DER SIE IN SEIN HERZ GENOMMEN HAT.

↺ ÜBERLEGEN SIE, WER SICH IN IHREM UMFELD IN GEFAHR BEFINDET, IN DIE IRRE ZU GEHEN. GEHEN SIE AUF DIESEN MENSCHEN ZU UND REICHEN SIE IHM DIE HAND.

12.12. AUFGERÄUMTE HERZEN

»Ihr werdet Ruhe finden für eure Seele.« (Mt 11,29)

Jedes Mal, wenn ich bestimmte Schüler frage, was sie sich denn von mir wünschen, antworten sie einstimmig: eine Fantasiereise. Diese jungen Menschen lieben die Stille, sie suchen die Kraft der Seele, sie suchen das Einfache, das Urtümliche, sie finden es in ihren Herzen. Sie träumen sich in eine gute, unversehrte Welt hinein, das tut ihnen gut. Sie sehnen sich – oft nach einem anstrengenden Wochenende – nach einer heilen Welt und ich darf sie ein Stück weit auf diesem Wege begleiten. Das ist sehr schön und erbaulich.

Wie laut werden Männer, in deren Herzen es unaufgeräumt ist? Wie sehr müssen sie um Anerkennung prahlen, was tun sie nicht alles, um die Leere in ihrer Seele zu übertünchen? Sie kaufen sich laute Autos, sie überladen sich mit Terminen, sie jagen nach diversen Veranstaltungen, sie werden süchtig nach allen möglichen Betäubungsmitteln, die sie nur immer schmerzvoller in die Wirklichkeit hinein aufwachen lassen.

Wir dürfen Ruhe finden, Ruhe in uns selbst, wir dürfen uns entschleunigen. Und wir dürfen aus der Kraft dieser Ruhe ein durchaus bewegtes und spannendes Leben wagen.

IM PULS

↻ ACHTEN SIE HEUTE ZEHN MINUTEN AUF DEN GLEICHKLANG IHRES ATEMS, HÖREN SIE DIE LEBENSSPENDENDE SELBSTVERSTÄNDLICHKEIT IHRES HERZSCHLAGS UND SCHLIESSEN SIE DIE AUGEN. FREUEN SIE SICH AN DEN BILDERN, DIE SIE JETZT WAHRNEHMEN DÜRFEN.

13.12. LUCIA –
DIE LEUCHTENDE

»Ihr seid das Licht der Welt.« (Mt 5,14)

Die kleine Lucia aus meinem Freundeskreis feiert fast jedes Jahr ihren Namenstag mit Papierschiffchen, die mit vielen Freunden und Verwandten einen Fluss hinabgesandt werden. Die Lichter erleuchten die Nacht und stiften so bei Punsch und Lebkuchen ein trautes Gefühl lichtvoller, wärmender Gemeinschaft. Mit ihnen ziehen auch gute Wünsche, Bitten und Klagen den Fluss hinunter.

Dieser Lichterbrauch ist einer von vielen, die zu Ehren der sizilianischen Märtyrerin aus Syrakus begangen werden. Sie hat eine kontemplative Lebensform der geplanten Verlobung vorgezogen, weshalb sie ihr verschmähter Bräutigam dem diokletianischen Gericht übergab. Dieses sah Folter und Todesstrafe für sie als bekennende Christin vor.

Wenn wir Männer es versäumen, einem tiefen Sinn zu leben, wenn wir nicht stetig für diese große Aufgabe in leidenschaftlicher Hingabe brennen, ist unser Leben genauso nutzlos, wie eine Kerze, die noch nie einen Lichtstrahl von sich abgegeben hat. Natürlich scheuen wir den Verzicht, natürlich meiden wir den Schmerz, natürlich fliehen wir den Tod, aber die Liebe führt uns langsam aber sicher auf genau diesen Weg des Zurückstellens unserer Wünsche.

IM
PULS

↻ ENTZÜNDEN SIE HEUTE EINE KERZE
UND BEOBACHTEN SIE, WIE SIE SICH
LANGSAM VERZEHRT, UM IHNEN LICHT
ZU SPENDEN. STELLEN SIE SICH VOR,
DASS SIE SELBST DIESE KERZE SIND,
DIE DIESE WELT EIN WENIG HELLER,
FREUNDLICHER UND FROHER MACHT.

14.12. DIESER FRESSER UND SÄUFER

»Er isst und trinkt und sie sagen: Siehe, ein Fresser und Säufer, ein Freund der Zöllner und Sünder!« (Mt 11,19)

Wie es Jesus macht, ist es falsch! Würde er ständig fasten, wäre er für viele ein abgespacter »Asket«, dem es an Realitätssinn mangelte. So aber ist er offensichtlich ein Freund der Feste, er ist mitten unter den – oftmals auch völlig unbeliebten – Menschen. Er genießt offenkundig gute Speisen und schon wird ihm das zur Last gelegt.

Wir Männer können es niemandem recht machen. Es genügt, wenn wir vor uns und unserem Gewissen bestehen. Selbst wenn wir tausende Likes von vielen Followern auf Twitter verbuchen könnten, müssten wir dennoch unseren individuellen, schwierigen Weg finden.

Es bedarf einer gehörigen Portion Selbstvertrauen, dem eigenen Weg treu zu bleiben und sich nicht in die Menge der Mitläufer einzureihen. Das gilt für alle Bereiche unseres Lebens: Das betrifft unseren Alltag und markiert natürlich auch unseren persönlichen Glaubensweg.

Viele meiner Schüler habe ich ein Jesus-ABC erstellen lassen. Es ist interessant, dass von allen gefundenen Assoziationen nur Gutes über Jesus dabei war. Einige solcher Wörter waren z.B.: F – für Freiheit, M – für mutig, S – für stark … So hoch steht Jesus offenkundig bei der heutigen Jugend im Kurs.

IM PULS

↻ ERSTELLEN SIE HEUTE EINE ABC-LISTE VON JESUS. SIE DÜRFEN DABEI EIGENSCHAFTSWÖRTER, HAUPTWÖRTER UND VERBEN VERWENDEN, DIE SIE MIT IHM VERBINDEN.

↻ UNTERSTREICHEN SIE JETZT JENE, DIE SIE AM MEISTEN BERÜHREN UND FRAGEN SIE SICH, WAS DIES MIT IHNEN ZU TUN HAT.

↻ SPRECHEN SIE NACH MÖGLICHKEIT MIT EINER VERTRAUTEN PERSON (FRAU, FREUND ...) DARÜBER.

15.12. VERGEUDETE ZEIT?

»Bist du der, der kommen soll, oder sollen wir auf einen anderen warten?« (Mt 11,3)

Ich erinnere mich gut an ein schönes Mädchen, eine Urlauberin aus Osnabrück. Damals waren wir etwa sechzehn Jahre alt. Wir wollten uns an einem bestimmten Nachmittag an der Mündung des Wörthersees treffen. So war es jedenfalls vereinbart. Ich wartete fast den ganzen langen Tag lang, doch sie kam nicht. Sie sollte in einem Schlauchboot zu mir kommen, doch vergebens. Enttäuscht und erschöpft gab ich schließlich auf und fuhr unverrichteter Dinge mit meinem Fahrrad wieder nach Hause. Ich war enttäuscht.

So ähnlich muss es wohl den Johannesjüngern ergangen sein, die sich zurecht im Namen ihres Propheten darüber erkundigten, ob Jesus denn derjenige sei, der kommen solle. Johannes befand sich bereits im Gefängnis und wurde bald darauf geköpft.

Auch wir Männer fragen uns oft: Lohnt sich denn unser Einsatz? Ist das Ergebnis unseren Aufwand wert? Oder sollen wir auf die nächste Gelegenheit warten? Diese Fragen zu beantworten, ist oft nicht leicht. Mir wurde damals die Begegnung mit dem schönen Mädchen verwehrt, aber das heißt auch, dass ich es das nächste Mal wieder versuchen würde. Vielleicht padelte sie mir dann mit ihrem Schlauchboot entgegen?

IM
PULS

⟳ DENKEN SIE DARÜBER NACH, WANN SIE JEMALS AUF ETWAS ODER JEMANDEN GEWARTET HABEN. WIE HAT SICH DAS ANGEFÜHLT? WIE IST ES AUSGEGANGEN?

⟳ IM ADVENT WARTEN WIR AUF CHRISTUS, DER IN BETLEHEM, IN UNS HEUTE UND AM ENDE DER ZEITEN ANKOMMT. BLEIBEN SIE OFFEN FÜR UNERWARTETE ÜBERRASCHUNGEN.

16.12. SEID ZUFRIEDEN MIT DEM, WAS IHR HABT

»Begnügt euch mit eurem Sold.« (Lk 3,14)

Die glücklichsten Menschen sind nicht zwingend die Erfolgreichen, die Wohlhabenden, die Mächtigen... Ich habe das anhaltende Glück vor allem bei den Einfachen, bei den Dankbaren, bei jenen, die sich ganz spontan über tägliche Kleinigkeiten freuen können, gefunden.

Die Gier des Menschen gleicht in der Tat einem unersättlichen Graben, der nie wirklich voll wird. Unser globales Wirtschaftssystem lebt von dieser Gier, indem es weltweit zum Teil völlig unnötige Bedürfnisse im Menschen weckt, die möglichst bald gestillt werden sollen. Nicht nur die Textil- und Elektronikindustrie mit den vielen Smartphones leben von dieser Verkaufsstrategie. Sehr oft geschieht dies auf Kosten anderer in den fernen Herstellerländern.

Demgegenüber erscheinen die Worte des archaischen Wüsten-Propheten Johannes in einem unübersehbaren Kontrast: »Wer zwei Gewänder hat, der gebe eines davon dem, der keines hat, und wer zu essen hat, der handle ebenso!« (Lk 3,11) Eine Kurzformel könnte demnach lauten: Minimierung aller Bedürfnisse auf das Nötigste. Das schenkt uns die Freiheit, zufrieden zu sein mit dem, was wir haben und sind.

IM PULS

↻ HAND AUFS HERZ: WIE VIELE PULLOVER HABEN SIE ZU HAUSE UND WIE LANGE HABEN SIE EINIGE SCHON NICHT MEHR GETRAGEN? MISTEN SIE AUS UND GEBEN SIE, WAS ANDERE BRAUCHEN. OFT SIND SIE NICHT WEIT WEG VON UNS.

↻ WORAUF MÖCHTEN SIE HEUTE VERZICHTEN? VERZICHT STÄRKT DAS SELBSTVERTRAUEN UND IST EINE GROSSE MENSCHLICHE LEISTUNG.

17.12. UNTER JEDEM DACH EIN ACH

»David zeugte den Salomo mit der Frau des Urija.« (Mt 1,6)

In der (Vor-)Weihnachtszeit sind die Erwartungen der Menschen besonders groß. Wer möchte Weihnachten schon gerne alleine verbringen? Das Fest ist an hohe Ideale gebunden und dementsprechend groß ist oft die Enttäuschung. So wird besonders an den Weihnachtstagen viel gestritten, obwohl es ja eigentlich das Fest der Liebe sein sollte...

Keine Angst. Wenn es bei Ihnen manchmal ähnlich sein sollte, so müssen Sie sich dafür nicht schämen. Mit dem Davidsohn Jesus sind Sie mit Ihrer Familiengeschichte in bester Gesellschaft: König David, der blaublütige Stammvater unseres Erlösers, hat sehr viel verbockt, er hat sich die schöne, verheiratete Batseba genommen und deren Mann Urija an der Front töten lassen, um ihn aus dem Verkehr zu ziehen. Auch befindet sich Tamar im Stammbaum Jesu. Sie hat – als Dirne verkleidet – von ihrem eigenen Schwiegervater ein Kind bekommen. Ihr Ehemann war verstorben und ein zweiter Mann wurde ihr vorenthalten.

Es gibt auf Erden keine perfekte Familie. Der äußere Schein trügt zumeist und so gibt es »unter jedem Dach ein Ach«. Das mag uns trösten, wenn wir versucht sind zu glauben, dass es woanders viel besser zuginge als bei uns.

IM
PULS

↻ BLÄTTERN SIE HEUTE IN (DIGITALEN) FAMILIENALBEN UND SINNIEREN SIE DARÜBER NACH, WAS DIE MENSCHEN IHRER FAMILIENCHRONIK ALLES ERLEBT, VERSÄUMT UND ERREICHT HABEN.

↻ SKIZZIEREN SIE EINEN STAMMBAUM IHRER FAMILIE, MACHEN SIE SICH DABEI KEINEN DRUCK, NOTIEREN SIE, WAS IHNEN EINFÄLLT UND WENN SIE MÖCHTEN, KÖNNEN SIE IHR WERK JEDERZEIT WEITERFÜHREN UND MIT IHREN VERWANDTEN DARÜBER INS GESPRÄCH KOMMEN.

18.12. JOSEF, DER VERLÄSSLICHE

»Als Josef erwachte, tat er, was der Engel des Herrn ihm befohlen hatte und nahm seine Frau zu sich.« (Mt 1,24)

Die Wahrscheinlichkeit, als vierzigjährige Mutter alleinerziehend zu sein, steigt für viele Frauen in Deutschland. Das hat Folgen für eine Nation. Es gibt Männer, denen es an Reife und Verantwortung mangelt, sie sind sozusagen infantil und ziehen bei Problemen gerne als »beleidigte Leberwurst« ab. Gerade Kinder sind dann die Leidtragenden dieser Misere, sie brauchen nämlich ganz besonders verlässliche Bezugspersonen. Aber viele ihrer Väter scheuen Bindungen und leben in einem beliebigen Niemandsland.

Josef hat allen Grund seine schwangere Frau zu verlassen. Das ledige Kind ist nicht von ihm. Er lässt sie aber nicht im Stich, er liefert sie auch nicht ihren Richtern aus, er glaubt, was der Engel im Traum zu ihm sagt: »Fürchte dich nicht, Maria als deine Frau zu dir zu nehmen...« (Mt 1,20). Und so kümmert sich Josef ganz selbstverständlich um seine junge Familie.

Das können wir von ihm lernen: Egal, wie unsere Beziehung auch aussehen mag. Irgendwann kommt hoffentlich der Punkt, wo wir Männer ja sagen zur Frau, ja zum Kind, ja zu der Ist-Situation. Wir wachsen an unseren Aufgaben, laufen nicht mehr davon und dann geben wir unseren Anvertrauten Halt und Sicherheit.

IM
PULS

↻ VÄTERLICHE ZUWENDUNG BERUHT NICHT ALLEIN AUF BIOLOGISCHEN URSACHEN. BEDENKEN SIE, WAS GUTES VATERSEIN WIRKLICH AUSMACHT.

↻ TAUSCHEN SIE IHR ERGEBNIS MIT EINEM VATER AUS UND SPRECHEN SIE DABEI AUCH ÜBER JOSEF, DEN VATER JESU.

19.12. ALTER MANN

»Denn ich bin ein alter Mann ...« (Lk 1,18)

Wann ist ein Mann ein alter Mann? Wenn er nicht mehr zu sportlichen Höchstleistungen fähig ist, wenn er in den Ruhestand tritt, wenn er keine Kinder mehr zeugen kann, wenn er krank wird, pflegebedürftig und gebrechlich?

Heutzutage ist ewiges Jungsein in: Fitbleiben bis ins hohe Alter, konsumieren und produzieren bis zum Schluss, das scheint vielerorts die Devise zu sein. Deshalb können viele Alte nicht loslassen und werden mit ihren überzogenen Eitelkeiten zu hohlen Narren, sie konkurrieren mit der Jugend. Sie haben der Welt nicht viel zu geben. Es fehlt ihnen an Weisheit und Nachsicht.

Zacharias hat noch viel vor sich, er wird in hohem Alter Vater. Zacharias hat dies nicht wirklich gewollt, es wurde ihm beschieden, denn seine Frau Elisabet, ebenfalls im vorgerückten Alter, hat ihm den späteren Propheten Johannes geboren.

Für mich ist Zacharias ein besonderer Mann. Er hat trotz seines hohen Alters noch einen guten Ausblick, er hat noch viel vor sich, er hat Hoffnung, er prophezeit dem kleinen Johannes eine große Zukunft. Und auch Elisabet freut sich, weil sie der Herr von der Kinderlosigkeit befreit hat.

IM PULS

↻ STELLEN SIE SICH VOR, SIE SIND JETZT EIN ALTER MANN UND BLICKEN AUF EIN BEWEGTES LEBEN ZURÜCK: WAS SOLL BIS DAHIN ALLES GESCHEHEN SEIN UND WORAUF KÖNNEN SIE GERNE VERZICHTEN?

↻ NOTIEREN SIE IHRE ERGEBNISSE AUF EIN BLATT UND VERBRENNEN SIE ES DANACH IM FREIEN MIT DER BITTE, DASS DAS GUTE SICH IN IHREM LEBEN DURCHSETZEN MÖGE.

20.12. HABT MUT!

»Verliert nicht den Mut! Fürchtet euch nicht, geratet nicht durcheinander ...« (Dtn 20,3)

Der Mensch ist schon ein furchtsames Wesen. Angst schnürt die Lebensbedingungen ein und hindert uns Männer daran, der zu werden, der wir eigentlich sind. Nur im Tun, nur in der Bewegung, nur im gelebten Risiko loten wir unsere menschlichen Grenzen aus und überschreiten diese. Viele bleiben weit hinter ihren Möglichkeiten stecken. Deshalb gibt es in unserer Kirche, Politik und Gesellschaft oft so wenig Erneuerung und Abwechslung. Deshalb hat man manchmal den Eindruck, vieles plätschert eintönig und lustlos dahin, aktivistisch zwar, aber blutleer, ohne Ideenkraft, ohne Leidenschaft und viel zu oft auch ohne Gewähr. Oft gewinne ich den Eindruck, dass Versprechen, die heute gemacht werden, morgen schon »Schnee von gestern« sein können.

Auch biblische Menschen kennen Furcht und Beklemmung. Nicht zufällig lesen wir die »Fürchte-dich-nicht-Worte« dutzende Male in der Bibel. Aber Männer wie Abraham, David, Elija, Petrus, Paulus... transformieren ihre Angst in eine große Tatkraft hinein. Sie überwinden Hindernisse, sie siegen gegen das fast Unmögliche, sie stehen nach der Niederlage immer wieder auf, sie lassen sich von Enttäuschungen nicht vollends entmutigen...

IMPULS

↻ WOVOR FÜRCHTEN SIE SICH? WO WOLLEN SIE HIN? WAS IN IHREM LEBEN IST NOCH UNGELEBT UND WARTET AUF ERFÜLLUNG?

↻ DENKEN SIE DARÜBER NACH UND VERSUCHEN SIE IHRE IDEEN HEUTE WENIGSTENS IN KLEINEN SCHRITTEN AUCH WIRKLICH IN DIE TAT UMZUSETZEN.

21.12. GASTFREUND-SCHAFT PUR

»Vergesst die Gastfreundschaft nicht.« (Hebr 13,2)

Einmal hing bei uns der Haussegen schief. Und so bin ich ziemlich wütend aus dem Haus gestürmt, um mich abzureagieren und frische Luft zu schnappen. Ich schlenderte hierhin und dorthin. Und so fand ich mich plötzlich vor der Wohnung eines lieben Freundes wieder. Wie froh war ich, dass er zuhause war. Wie froh war ich, dass er mir die Tür nicht vor der Nase zuschlug. Wie froh war ich, dass er mir nicht sagte, dass er jetzt bedauerlicherweise so unglaublich Wichtiges zu tun habe. Er bat mich herein und öffnete eine Flasche Wein. Dann legte er die Stones auf und zeigte mir ein schönes, selbstgemachtes Fotobuch seiner Australienreise. Der Abend dauerte lange und ich war richtig geborgen bei seinen Worten. Wir sprachen kein Wort über meinen Stress zu Hause, das war auch gar nicht wichtig. Wir redeten nur über Belangloses, aber in diesem Moment habe ich genau das gebraucht.

Der Hausfrieden in meinen vier Wänden kehrte zum Glück wieder ein. Tage später habe ich mich bei meinem Gastgeber für seine Gastfreundschaft bedankt und ihm gesagt, dass es mir an diesem Abend nicht so gut ging. Er hat es bestimmt gemerkt, aber rücksichtsvoll wie er war, hat er es eben gar nicht mal erwähnt.

IM
PULS

↻ WO WÜRDEN SIE HINGEHEN, WENN ES
BRENNT? UND WER WÜRDE SIE AUFSUCHEN,
WENN ES BRENNT?

22.12. EINE PROPHETISCHE WELTENORDNUNG

**»Er stürzt die Mächtigen vom Thron und erhöht die Niedrigen.«
(Lk 1,52)**

Eine Aufgabe für meine Schüler wiederholt sich in ähnlichen Abwandlungen immer wieder: Wie sieht denn eurer Meinung nach eine Welt aus, in welcher Gott eindeutig das Sagen hat, in der sich sein Königreich ungehindert ausbreiten kann?

Die Schülerantworten sind verblüffend: Es gibt endlich Frieden auf Erden, die Umwelt wird bewahrt und geschützt, die Erderwärmung hat ein Ende, das Arm-Reich-Gefälle hat keinen Bestand mehr, die (Atom-) Waffen werden vernichtet und verlieren ihren Zweck, es gibt genug Nahrung für alle auf dieser Erde…

Im Grunde spiegelt diese Vision der Jugendlichen das prophetische Lied der Maria bei ihrer Verwandten Elisabet (Lk 1,52) in unsere Zeit hinein wieder: Die Mächtigen, die jetzt noch das Sagen haben, fallen und die Einfachen werden geehrt und erhöht.

Mit jedem Gedanken, den wir denken, mit jedem Wort, das unseren Mund verlässt, mit jedem Produkt, das wir käuflich erwerben, mit allem, was wir tun, prägen wir das Angesicht dieser Erde. Wir entscheiden mit, wie die Güter dieser Erde verteilt werden, wer politischen Zuwachs bekommt und wer nicht, wohin unsere Gelder gelangen und woher die Lebensmittel kommen, die wir täglich verzehren.

IM PULS

↻ MACHEN SIE SICH DARÜBER KUNDIG, WIE SIE DEN REGIONALEN HANDEL FÖRDERN KÖNNEN UND KONSUMIEREN SIE DEMGEMÄSS.

↻ GEBEN SIE DARAUF ACHT, DASS IHRE FINANZEN NICHT EINSEITIG BEI IHNEN VERBLEIBEN, SONDERN BEDENKEN SIE AUCH MENSCHEN, DENEN ES NICHT SO GUT GEHT WIE IHNEN, GROSSZÜGIG MIT IHREM VERDIENST.

23.12. SPIRITUALITÄT HEISST HINGABE

»Dein Wille geschehe.« (Mt 6,10)

Wenn ein Mann seinen Eigenwillen zur höchsten Priorität erklärt, wird er langsam aber sicher zu einem großen Ich-Menschen. Er mag zwar dem Anschein nach viel erreichen, aber innerlich verkümmert seine Seele. Er schafft es einfach nicht mehr, seinen Willen aus Liebe zu seinen Mitmenschen aufzugeben bzw. zurückzustellen. Er hat es versäumt, seine persönlichen Vorteile mitunter zugunsten seiner Mitmenschen hintanzustellen. Er lebt egoistisch nur sich.

Wie aber lässt sich Gottes Wille für uns Menschen heute erkennen? Wie spricht er heute zu uns? Wir haben die Gebote, wir haben den Psalter und die Bergpredigt, wir haben die gesamte Heilige Schrift. Wir haben eine Schar von Vorbildern, die uns den Willen Gottes in diese Zeit hinein übersetzen. Wenn wir daran festhalten, können wir nicht fehlen. Überdies ist Gottes Ruf an uns immer sehr vernünftig und ganz konkret, er duldet keinen Aufschub und verlangt unsere ganze Hingabe. Dabei werden wir niemals überfordert. In der Regel führt uns Gottes Wille zu den Menschen, in die Gemeinschaft. Und ganz bestimmt wachsen die Freude und der innere Friede in uns, wenn wir seinen Willen tun.

IM PULS

↻ MEDITIEREN SIE HEUTE GANZ BEWUSST DAS VATERUNSER. VERWEILEN SIE BEI EINEM WORT, DAS SIE BESONDERS ANSPRICHT.

↻ STIFTEN SIE HEUTE GEMEINSCHAFT. ENTZIEHEN SIE SICH IHREN VERWANDTEN, FREUNDEN ODER BEKANNTEN NICHT.

24.12. GEBURT UN-SERES HERRN JESUS

»Heute ist euch in der Stadt Davids der Retter geboren.« (Lk 2,11)

Jetzt ist er greifbar nahe, der lang erwartete Heilige Abend. Wenn Kinder im Hause zugegen sind, dann spürt und riecht man förmlich, dass das Christkind kommt. Man wird unwillkürlich in die eigene Kindheit versetzt, in die Aufregung um die Geschenke, den Christbaum, das geschmückte Haus, die Krippe ...

Wenn wir Männer als Kinder davon lebten, beschenkt zu werden, leben wir heute verstärkt dafür, andere reich zu beschenken. Wir erfahren dabei große Freude. Das größte Geschenk an Weihnachten ist tatsächlich das kleine Kind in der Krippe im Stall von Betlehem, weil in der Herberge für Maria und Josef kein Platz war. Arm und hilflos, wie ein Bittsteller, kommt der Retter in die Welt. Selbst der Engel Chor kann über die Erbärmlichkeit im Stall nicht hinwegtäuschen. Der Evangelist Lukas stellt Jesus Seite an Seite mit den unbeliebten und wohnungslosen Hirten. Sie sind die ersten Zeugen seiner Geburt.

Wir Männer dürfen die Perspektive des hilflosen Kindes in der Krippe nie ganz aufgeben. Gott macht sich klein, damit der Mensch groß werde. Aber das heißt auch, dass er mit Seinesgleichen auf Augenhöhe leben soll.

IM
PULS

↻ VERSCHENKEN SIE HEUTE ZEITGUTSCHEINE
FÜR IHRE LIEBSTEN: SCHLITTEN- ODER
EISLAUFAUSFLÜGE, WINTERSPAZIERGÄNGE,
KINO- ODER KONZERTBESUCHE ...

↻ HEUTE BIETET ES SICH AN, IM HAUSHALT
EINE TRAGFÄHIGE STÜTZE ZU SEIN. IHRE
MITBEWOHNER WERDEN ES IHNEN DANKEN.

Bildnachweis

eloko67 / Photocase (1, 2–3, 4–5); LivingLandscapePhotography / Photocase (6–9); se.w / Photocase (10–13); weise_maxim / Photocase (14–17); Daniel Schoenen / Photocase (18–21); David-W- / Photocase (22–25); matlen / Photocase (26–29); Ahkka / Photocase (30–33); Nordreisender / Photocase (34–37); matlen / Photocase (38–41); Nordreisender / Photocase (42–45); GDSchaarschmidt / Photocase (46–49); matlen / Photocase (50–53); kemai / Photocase (54–57); en.joy.it / Photocase (58–61); alex steinbauer / Photocase (62–65); good_grief / Photocase (67–70); Vapi / Photocase (70–73); white-studio / Photocase (74–77); zaizev / Photocase (78–81); judith_k / Photocase (82–85); ozzuboy / Photocase (86–89); DieterN / Photocase (90–93); DieterN / Photocase (94–97); sergiochoo / Photocase (98–101); taviphoto / Photocase (102–104)

Autor

Christian Kuster, geb. 1965 in Klagenfurt, hat in Salzburg, Jerusalem und Graz Theologie studiert. Er ist Ehemann, Vater und Gründer der offenen Männerrunde Großkarolinenfeld (März 2006). Kuster hat viele Bücher zur Männerarbeit veröffentlicht und ist über die Grenzen Deutschlands hinaus als gesuchter Referent für Männerseminare tätig.

Impressum

Ein camino.-Buch aus der
© Verlag Katholisches Bibelwerk GmbH, Stuttgart, 2018
Alle Rechte vorbehalten.

Für die Texte der Einheitsübersetzung der Heiligen Schrift,
vollständig durchgesehene und überarbeitete Ausgabe
© 2016 Katholische Bibelanstalt GmbH, Stuttgart
Alle Rechte vorbehalten.

Gesamtgestaltung: Weiß-Freiburg GmbH — Graphik & Buchgestaltung
Druck und Bindung: CPI books GmbH, Leck

www.caminobuch.de
ISBN 978-3-96157-058-4

Christian Kuster
Männersache Fastenzeit

Dieses Buch ist ein spirituelles „Experiment", es begleitet Männer vierzig
Tage lang durch die Fastenzeit. Bibelstellen, Impulse und ganz konkrete
Anregungen fordern Männer heraus, ihrem Leben eine neue Richtung zu
mehr Freude und freier, selbsttätiger Lebensgestaltung zu geben. Ziel:
Nach vierzig Tagen bei sich selbst und bei den Mitmenschen ankommen.

Format 15 x 21 cm;
104 Seiten, durchgehend vierfarbig;
mit zahlreichen Fotografien, kartoniert;
ISBN 978-3-96157-026-3

camıno.

Im Verlag Katholisches Bibelwerk • Silberburgstraße 121 • 70176 Stuttgart • Tel. 0711 / 6 19 20–37 • Fax –30
impuls@bibelwerk.de • www.bibelwerk-impuls.de • www.caminobuch.de